Rosângela Aguiar

Abraço

poemas e frases

Literare Books
INTERNATIONAL
BRASIL · EUROPA · USA · JAPÃO

Copyright© 2022 by Literare Books International
Todos os direitos desta edição são reservados à Literare Books International.

Presidente:
Mauricio Sita

Vice-presidente:
Alessandra Ksenhuck

Diretora executiva:
Julyana Rosa

Diretora de projetos:
Gleide Santos

Capa, diagramação e projeto gráfico:
Gabriel Uchima

Revisão:
Rodrigo Rainho

Relacionamento com o cliente:
Claudia Pires

Impressão:
Gráfica Paym

Dados Internacionais de Catalogação na Publicação (CIP)
(eDOC BRASIL, Belo Horizonte/MG)

A282a Aguiar, Rosângela.
Abrace poemas e frases / Rosângela Aguiar. – São Paulo, SP: Literare Books International, 2022.
14 x 21 cm

ISBN 978-65-5922-394-7

1. Literatura brasileira – Poesia. I. Título.

CDD B869.1

Elaborado por Maurício Amormino Júnior – CRB6/2422

Literare Books International.
Rua Antônio Augusto Covello, 472 – Vila Mariana – São Paulo, SP.
CEP 01550-060
Fone: +55 (0**11) 2659-0968
site: www.literarebooks.com.br
e-mail: literare@literarebooks.com.br

Abrace

poemas e frases

Apresentação

Esta coletânea ficou pronta antes da notícia que abalou o mundo: a pandemia do novo coronavírus, que chegou como um turbilhão na vida de todos e com maior intensidade para os profissionais de saúde.

De poetisa a enfermeira, deixei as letras e rimas para atuar na linha de frente do combate à Covid-19, e toda a emoção poética que corre em minhas veias paralisou, frente à ansiedade gerada pela busca de respostas, pelo medo da própria contaminação ou de transmitir o vírus para meus familiares, além da necessidade de trabalhar em um campo desconhecido.

Era uma tarde de sábado, as ruas estavam desertas, não havia carros nem passeios com crianças, parece até que os passarinhos aderiram ao isolamento social, eu me senti como dentro de uma cena de filme de terror, uma sensação estranha. Além do isolamento e distanciamento social, o uso de máscaras e toque de recolher foram obrigatórios e, de carona, o abraço foi privado.

Está comprovado que o simples ato de abraçar pode liberar hormônios que trazem felicidade, e a privação disso pode reforçar estados de depressão e ansiedade. Vivemos com esse contato desde o nascimento, quando éramos abraçados pelos nossos pais e acolhidos no peito da mãe, e toda vez que nos sentimos desamparados, recorremos a esse momento em busca de um conforto.

A doença Covid-19 matou milhões de abraços, e em homenagem aos abraços roubados e braços vazios, resolvi batizar este livro com o título *Abrace poemas e frases*, e assim como o abraço traz uma força poderosa, a proposta destes versos poéticos é que abracemos o amor, a fé e a superação que cada um de nós precisamos ter em nosso viver.

Sumário

A arte 11

A criação de Deus 12

A dor 14

A máscara 16

A noite 18

A notícia e a poesia 19

A plateia 22

Abrace 24

Adaptação 25

Adeus 26

Algo 28

Alma de poeta 30

Busco esse amor 31

Cadáver 33

Ciclo 34

Comprometimento	35
Crer	37
Dama verde	38
Decisão	39
Detalhes	42
Espinhos	43
Estou aqui	44
Eu e você	47
Facetas do amor	48
Falso glamour	49
Felicidade, onde estás?	51
Fortalecida	52
Gratidão	55
Inevitável	57
Infinita saudade	59
Liberdade	60

Mudança 63
Nada 64
Não é pelo outro 66
O escuro do eu 68
O espetáculo do sol 69
O tempo 70
Oco 72
Oh, Terra! 73
Pandemia 75
Paralisado 77
Perdão 78
Perdida 80
Pétalas sem vida 81
Porquês 82
Querer 84
Quisera ser mãe 85

Rabiscos 87

Recomeço 89

Recusa 90

Saudade 91

Seja você 93

Sensação 94

Sonhos 96

Vácuo 98

Velhos retalhos 100

Você em mim 101

A arte

A arte está em tudo que existe na vida
É a ilusão verdadeira
A loucura inteira

É que a arte não precisa ser bela
Pois cada um do seu jeito a interpreta
E nela penetra

A arte nos faz viajar do mundo real
Para chegar ao que é imaginário
Isso é surreal

Em instantes
Estamos distantes
No Espaço Sideral
E em segundos
No profundo mar

Assim é ela
Que nos leva
A qualquer lugar.

A criação de Deus

E no princípio a Terra era sem forma e vazia
E sobre ela o Espírito de Deus se movia
E nesse mover
Da Sua palavra de poder
Deus disse: haja luz
E a luz surgiu

E Deus criou o firmamento e as águas
O imenso firmamento, Deus chamou de céu
O ajuntamento das águas, Deus chamou de mar
E entre Céu e mar
Deus fez uma tremenda separação
Surgindo uma seca porção
Que de Terra Deus chamou

E no céu criou Deus as estrelas, o sol e a lua
E na terra Deus produziu a erva que deu semente
À árvore frutífera que deu fruto
Para que alimente
Alimente uma outra grande criação: os animais!
Todos os que voam sobre os céus
Todos os que vivem sobre os rios e mares
E todos os que habitam sobre a terra

E disse Deus:
Façamos o homem à nossa imagem
E à imagem de Deus
Homem e mulher os criou
E da boca de Deus Ele ordenou:
Cultivem e guardem a natureza
Que é rica de diversificada beleza

Que não sejam rivais
Nem homens nem animais
Que vivam numa perfeita sinfonia
E que aprendam como a natureza
Que mesmo dotada de tanta riqueza
Se curva ao Dono da criação
Em reverência e gratidão.

A dor

Achei que estivesse livre da dor
Mas ela novamente me procurou
E me despedaçou.

Novamente eu choro
E em lágrimas oro
Calada, grito
O silêncio do horror
Por tanta dor

Porém em mim existe amor
E essa dor que me despedaça inteira
Fragmenta minha veia
Faz chorar minha alma
E rouba minha calma

Essa dor
Que insiste em me destruir
Só irá me recompor
Porque é no silêncio da minha dor
Que evapora de mim o grito do amor

E falarei desse amor
Por onde eu for
Porque somente o amor
Vence a dor
E a transforma em flor.

Quem não consegue *beijar* sapos, jamais terá um *príncipe*.

A máscara

Oh! Máscara
Tu és o símbolo do amor
Dessa pandemia
Calculista e fria
Que roubou minha alegria

Sei que tu me proteges
Oh! Máscara, tu me proteges
Desse vírus invasor
Destruidor
Desse vírus que me isolou
Das ruas cheias e festivas
E de pessoas queridas

Sei que tu me proteges
Oh! Máscara, tu me proteges
Desse vírus tirano
Estranho
Que separa pais e filhos
Separa amigos
E cruelmente não deixa enterrar
Entes queridos, queridos meus
Se foram sem meu último adeus

Abraços retidos
Beijos contidos
E já não tenho ninguém por perto
Reina o distanciamento
De pessoas que amamos
Admiramos ou odiamos

Embora tu, oh, máscara
Cubra meus sorrisos e risos
Sufocando meu respirar e meu falar
É em ti que eu devo estar
Contigo não sou o perigo
Tu és o meu abrigo
Desse vírus bandido

Oh! Máscara
Sei que tu és a minha proteção
Mas estou com saudades
De ver sorrisos brejeiros, ligeiros
De sentir abraços apertados
E me atar
Em meus laços de amor
Muitos desfeitos pela morte que os tragou
Por culpa desse vírus que a paz me tirou

Oh! Máscara,
Tu és tão simples e pequenina
Mas reconheço que és forte e guerreira
Tu és a barreira
Tu és o símbolo do amor
E por tudo tu és a representação
De que a vida merece toda a nossa admiração.

A noite

É possível ver o sol novamente
Depois de passar pela noite
A noite escura
Fria
Gritante
Um medo aterrorizante

A noite escura
Vazia
Calculista
Que deixa você perdido e sem pistas

A noite que traga
Sufoca
Enforca
Que deixa você morto sem salva

É certo que é possível ver o sol novamente
Se conseguires vencer a noite
Verás que só estava doente

Então verás a luz do sol
Apreciando o dia
Com toda a sua alegria
Até o findar do sol

Pois como açoite
Cairá outra noite
E novamente
Doente irá ficar
Sendo necessário lutar
Até outro dia raiar.

A notícia e a poesia

Há algo em comum entre a poesia e a notícia: o texto
O texto jornalístico relata uma linguagem que esclarece e emociona,
O texto poético relata uma linguagem que toca e hipnotiza

O jornalista escreve com o objetivo de usar a informação para relatar
O poeta escreve com o desejo de que essa informação a todos possa sensibilizar

Para o jornalista, a notícia não precisa de rimas
Ela é buscada em qualquer clima
Ora incomoda
Ora gera alegria
E está presente no lar da gente todos os dias

O jornalista percorre ruas, favelas e celas
Mostra o assoprar das velas aclamando a vida
Ou em outros sopros mostra a despedida da vida

Nem toda poesia é notícia, mas me atrevo a dizer que toda notícia é poesia
Pois toda notícia mostra
A cara do ódio e do amor
do riso e da dor
do opróbrio e da glória
É a notícia que conta a nossa história
Apurando os fatos da verdade como ela é
Não como o que se quer

Pelo jornalista, a notícia é divulgada
Mostrada entre imagens e sons
É desvendada
Jamais calada

Pelo poeta, a poesia é narrada
Abrandada entre versos inversos
Jamais gritada

Quase sempre a poesia é amada
A notícia por sua vez
Muitas vezes é odiada

Mas em ambos os sujeitos
O desfecho
Está no texto
Ah, é no texto
Que a palavra é polemizada e poetizada
Notícia e poesia
Declaradas "casadas".

Assim como o **beija-flor** está para a flor, a **poesia** está para o amor.

A plateia

A letra foi escrita
A melodia foi posta sobre a letra
O canto foi ensaiado

O palco foi ornado
A plateia chegou
A orquestra não tocou
Mesmo assim o cantor cantou

Há tantos desejos que são quimeras
Letras criadas
Em folhas rabiscadas
Mas que jamais serão cantadas

Há tanto de nós que nos damos
Há tanto suor
No chão derramado
Esperando um novo espetáculo

A hora chega
A plateia está atenta
O ecoar
Da música perfeita

Mas a orquestra não toca
Não há música no ar
Mesmo assim é preciso cantar
Agora em forma de capela
A letra bela

No palco da vida
Todo dia é dia de estreia

Com uma lotada plateia
Para aplaudir ou vaiar
Seja como for
É preciso cantar.

Abrace

dizem que o melhor lugar do mundo é dentro de um abraço
e é esse pequeno e finito espaço
que faz qualquer dor ser amenizada
e percebemos o quanto a nossa pessoa é amada

não é preciso palavras
apenas um abraço apertado
daqueles que te invadam as costas
que quebrem os medos
e dividam os segredos

o abraço é capaz de acalmar uma discussão
tem a força de enxugar o pranto
e quando ele é escasso
causa até solidão

o simples abraço
é suficiente para partir a dor
firmar laços
e diminuir cansaços

ah! o abraço
é a definição da poesia mais linda
seja na chegada ou na despedida
na alegria ou na dor
seja no momento que for
abrace
pois o abraço é a melhor companhia
nesse pequeno e infinito espaço
ah! como eu quero um abraço.

Adaptação

Jogaram-me entre espinhos
Eu me feri e sangrei
Mas me adaptei

Jogaram-me no deserto
Passei sede e desmaiei
Mas me adaptei

Jogaram-me no mar
É certo que me afoguei
Mas me adaptei

Dentro do vulcão em erupção
Eu me queimei
Também me adaptei

Arremessaram-me para o ar
Não!
Não sei voar
Mas na queda consegui me adaptar

Bateram-me,
Humilharam-me
Jogaram-me no chão
Cuspiram em mim e me pisotearam

A tudo resisti
Nada foi em vão
É só uma questão
De adaptação.

Adeus

E aqui você repousa
Entre essa árvore e esse céu nublado

Agora te sinto em paz
Dormindo um sono profundo
Já fora do meu mundo

E teu mundo
É onde também um dia irei
Mas até ir, jamais te esquecerei.

o silêncio
faz um encaixe perfeito
nas mãos do meu coração.

Algo

Sempre queremos conquistar algo
Que algo?
Um grande amor
Um remédio que cure uma dor
Uma casa, um carro, um diploma, um curso, um emprego, ser promovido, atendido
Ouvido

Algo que nos faça de vez em quando ser atrevidos
E outras vezes ser contidos.
Sim o eu é movido pela busca de algo.
Algo do tipo ter mais um amigo
Algo do tipo ganhar só mais um elogio
Algo como encontrar o que já se considerava perdido

Algo! Algo! Algo!
Viver incansavelmente na busca de mais um "algo"
Algo para sorver o que satisfaz, algo que apraz, e sentir a paz
Algo que possa nos responder
Os muitos porquês?

Algo que nos faça ver além
O que até mesmo o que não nos convém.
Algo que nos dê razão mesmo quando andamos na contramão
Algo que nos dê forças para encarar
Todos os tapas na cara
Desta vida
Ora amarga e ingrata
Ora prazerosa e amada

Algo que possa nos conceder e receber o perdão
E fazer com que cada "algo"
Em mim e em ti tenha uma razão
E que essa razão seja algo cheio de emoção.

Alma de poeta

O poeta sente frio no calor
E quando calor sente frio
Vive alegria na dor
E na dor vive o amor

Vive de palavras perdidas
Letras desconexas
Abrindo e fechando janelas
E buscando novas descobertas

O poeta consegue na chuva se queimar
E no mais ardente fogo se molhar
Voa sobre as águas do profundo mar
E sobre nuvens consegue nadar

Parece um absurdo
Entender esse mundo
Mas o que é mais profundo
Na alma de um poeta

É que as conexões antagônicas
Vivem assombrosamente de forma harmônica
Coerentes e eloquentes
Com o que não é
Mas que é.

Busco esse amor

Desenhei seu rosto nas nuvens
Mas veio o vento e borrou você do meu olhar
Embotando meu pensar

Desenhei seu nome na areia
E desmanchado foi
Por uma onda do mar

E sempre quando o procuro
Há algo que leva você de mim
Você foge dos meus pensamentos
Ah! Tormento!

Ah! Amor...
Será que há algo?
Ah! Amor...
Eu sempre me indago

Será que é amor?
Será que sempre algo irá se impor?
Mas seja o que for
Busco esse amor.

Quem dera que *viver*
fosse tão fácil
quanto escrever.
Seja como for,
doe *amor!*

Cadáver

Tinha vida
Tinha dor
Tinha amor

Agora exposto
Olhos cerrados
Corpo estirado
Sangue parado

O momento do adeus
Dos seus
Lágrimas vertidas
Angústia sentida

A saudade será a saída
Para o corpo sem vida
Que era alegria
E sabedoria

Tinha vida
Tinha dor
Tinha amor

Nessa despedida
Sou uma flor sem cor
Grande é minha agonia
Como vou viver?
Como vou viver!
Sou eu o cadáver
Tamanha falta de você.

Ciclo

Quisera ser chuva
Que ao terminar a sua missão
Ela não morre
Volta a ser chuva

Faz rio encher
Plantação florescer
Fruto crescer
Faz a flor abrir
A borboleta voar
Pássaro cantar

Faz a criança brincar
Na poça d'água se divertir
E mesmo molhada sorrir

Faz o arco-íris aparecer
A esperança tecer
Um novo alvorecer

Chuva, chuva
Desce, desce
Molha, encharca, enche
Evapora
À nuvem volta
À nuvem carrega
E volta à terra

E chuva voltou a cair
Para novamente
Fazer tudo florir.

Comprometimento

Quando não há comprometimento
Não há crescimento
Não flora
E tudo vai embora
E ficamos como loucos
Por aí afora

Quando não há comprometimento
Há recuo
Há desistência
E há morte de ideias esplêndidas
E vivemos como ignorantes
Sem nada em cima do monte.

Se o **sol** não brilhar,
deixe a **chuva** cair.

Crer

A ordem foi dada
Arrume a lenha no altar
Abraão amolou a faca para o filho matar
Só então Deus providenciou o sacrifício

A ordem foi dada
Entre no mar
E colocou Moisés os pés na água
Só então Deus abriu o mar

A ordem foi dada
Toque a trombeta
E sete voltas Josué deu em Jericó
Só então Deus fez a muralha desabar

A ordem foi dada
Removam a pedra
Para no sepulcro entrar
Só então Deus fez Lázaro ressuscitar

A ordem lhe é dada
Arrume o seu altar
Atravesse o seu mar
Toque a sua trombeta
Remova a sua pedra

É preciso crer
Só então Deus fará
O milagre acontecer.

Dama verde

Itaituba
Cidade Pepita
É assim conhecida
E guardas um enigma
Quem nas tuas águas entrar
Por ti irá se apaixonar

Na noite de luar
Escrevo meus versos
Admirando a lua com o seu pratear
Riscando teu rio
E rabiscando o meu imaginar

Bela dama verde
De ti, respiro o oxigênio puro
O mais gostoso do mundo
Admiro teu corpo bronzeado
Teus adornos de ouro
Mas és tu, Itaituba
O próprio tesouro.

Decisão

Em minha timidez
Seguindo na caminhada para alcançar a linha de chegada
Eu aplaudia os que sempre se destacavam
Desejava ser um deles
Eles falavam, encantavam e me emocionavam

Sentia ficar atrás na companhia dos meus medos
Engolindo meus segredos
Contemplando minhas escritas vazias
De pobres rimas

De tanto aplaudir os outros
Com minhas mãos vermelhas e ardendo
Senti em mim minha alma se desprendendo
O coração comprimir
Eu estava muito longe de mim

Inquieta
A decisão tomei
Olhei para o palco, até ele caminhei
Em muitos tropeços me esbarrei
Nem sei quantas vezes caí
Nem sei quantas vezes chorei

Talvez ficar na plateia
Seria a solução
Essa escolha é viver sem emoção
Essa não era a minha missão

Do palco, olhei a plateia
Dessa vez, eu que falei, encantei e emocionei

Fui aplaudida
Minha mensagem foi ouvida
Adentrando os corações
Temerosos de que tudo duvida

Em tudo há uma saída
Resta-nos escolher de que lado estar
Ter em mente aonde quer chegar
E fazer do seu lugar
O maior e o melhor espetáculo.

Uma **vida** destroçada
jamais pode ser derrotada,
dê um tempo,
um momento,
e sigamos na **caminhada.**

Detalhes

Uma única gota de água
Ou um único grão de areia
Pode ser apenas um detalhe
Você vê os detalhes?

É de gota em gota
Que surge o oceano
Soberano

E de grão em grão
Que surge a areia
Guerreira

Você vê os detalhes?
De gota em gota
De grão em grão

De ausência em ausência
Sou feita Solidão
Dessa alienada paixão.

Espinhos

Eu não queria sentir os espinhos
Só a maciez da flor
Mas vamos pensar que os espinhos
São para proteger
E não causar dor

Eu não queria viver a dor
Só a brandura do que me apraz
Mas vamos pensar que a dor
É para fortalecer
E não fazer sofrer.

Estou aqui

Você é a brisa suave
que me leva para o mais profundo alívio
onde eu posso descansar dentro de meus próprios pensamentos

É a luz no fim do túnel
A qual encontro toda vez que me sinto perdido
E sinto você
Como um remédio que reprime minha dor
Como a paz que controla meu caos
Você é a borboleta que voa em minha mente com total liberdade
Deixando sempre uma enorme saudade

Cada letra, desenho, melodia
Cada dia
Nos leva apenas a um caminho
Você sabe qual é o caminho?
Quer me acompanhar e perder-se comigo?
Se for comigo, lhe prometo contar todos meus anseios
Desejos, segredos, receios
Seja no mais profundo abismo
E lá sentirá meus desejos

Vai segurar a minha mão que se estender?
Preciso de você
Existe uma chama ardente
Que queima minha mente e derrete o meu corpo
Eu me sinto em colapso, caindo aos pedaços
Até que você vem e me reconstrói em laços

Sim, existe uma parte de você dentro de mim
Uma parte que nem você mesmo conhece

Uma parte que foi plantada há muitos anos
E agora cresce e floresce
E sei que existe uma parte de mim em você

Quero encontrá-lo, me encontrar dentro de você
Dentro do abraço, apertar você em meus braços
Quero dançar lentamente na chuva e sentir seus lábios
Quero sentir o calor que vem de você
O único calor que me aquece no meio do inverno intenso
E quero que saiba, que no momento em que você mais precisar de mim
Olharei no fundo dos seus olhos e direi: estou aqui...

Meu eu é o **poema**,
o que dele admiras é poesia,
e **Deus** é o autor
do grande poema que sou.

Eu e você

Eu e o mar
Eu e o meu pensar
Velejando
Mergulhando
Te amando

Eu e o Vento
Eu e meu pensar
Te amar
Na areia
Nas pedras
Nas ondas e no mar

Eu
Você
Amor e amar.

Facetas do amor

O amor tem suas facetas
Ou é o céu
Ou o inferno

É a lei do tudo e do nada
Que deixa todas as células
Anestesiadas
Pelo efeito
Do amor ou da dor

Que seja de amor
Porque se for de dor
Melhor nem sentir amor.

Falso glamour

De nada vale o belo vestido
O belo sorriso
A bela pose
A bela maquiagem
O belo cenário

Se não há essência
Se não tem sentimento
Se não tem amor
Tudo é só um falso glamour.

Não despreze
o **conhecimento**,
ele gera **crescimento**.

Felicidade, onde estás?

Procuramos tanto a felicidade,
Enquanto menino naquela velha frase – quando eu crescer
Enquanto jovem, que de uma vez só, tudo quer viver
Enquanto adulto, não sabemos se olhamos para trás ou para frente.
A velhice chega
e a sensação é que a felicidade
não está presente em nenhuma idade

Mas a verdade
É que a felicidade
Não está no passado ou no futuro
Do passado só nos resta saudade
O futuro será fantasia ou realidade
E a felicidade, onde estás?
Estás exatamente na sua idade.

Fortalecida

No meu nascer
Todos ansiavam me ver
Eu tive que chorar
Eu nem sabia o que era chorar
E chorei
Pois fui expulsa do ventre em que morei
Despida, me senti desprovida
Nessa nova vida
Mas minha mãe
No seu seio me fez mamar
E nesse amar era fortalecida

E crescendo era ensinada
É certo que não sabia de nada
Tive medo de assombros
E dei meus primeiros passos
E em descompasso
Levei meus primeiros tombos
Mas sempre era erguida
Por um par de mãos
E nessa acolhida era fortalecida

Minhas primeiras palavras
Apenas balbuciava
E mesmo com a língua embolada
Arrisquei e falei: mamãe
Ouvi gritos desvairados
Em abraços fui apertada
E, rendida a essa alegria, era fortalecida

Quando criança
Percebi que a vida avança

E que coisas erradas
Faz a gente entrar na trança
E que nem tudo é uma dança
Mas escutava: há esperança
Aprendi a ir para a escola
Que era errado usar cola
Aprendi a dobrar os joelhos e orar
E, recolhida, era fortalecida

Em minha mocidade
Queria fazer coisas que não era da idade
E me diziam: fique esperta
Para tudo tem hora certa
Em muitas coisas, não obedeci
Muitos erros cometi
Sofri, sofri até que adoeci
E, desfalecida, era fortalecida

E quando me erguia
Sentia medo
Oh, que desespero
De escalar a subida
Mas eu já estava decidida
Subi tão alto que até nas nuvens toquei
De tantos sonhos que idealizei
E não me arrependo da mulher que me tornei
Deslumbrante, marcante
Radiante
É certo que ainda choro
E, em silêncio, eu oro
E, ungida, sou fortalecida

Aprendi a amar, até a odiar
Aprendi a vencer desafios
Labutar, abnegar, ajudar

Confiar, perdoar
Aprendi a navegar em águas vermelhas
E chegar, oh! Deus em Teu oceano
Santo
Sei que em Ti não haverá mais pranto
E em Ti cantarei um novo canto
E nessa água da vida, cristalina
Serei eternamente fortalecida.

Gratidão

Se não tenho
Frutos
Espero ter flores
Se não tenho as flores
Conformar-me-ei com as folhas
E se elas caírem
Terei meus galhos
E se esses secarem
Meu tronco ainda estará erguido
Mas se esse vier a cair
Restarão minhas raízes
Pois se nem essas existirem
E se nada mais tenho
É certo que já não estarei aqui.

O sangue
é o símbolo da morte
ou da **vida**,
depende do ponto de vista.

Inevitável

Discorrendo pelas mensagens
Entre mil imagens
Congelei-me com a sua imagem

Inevitável
Pensamentos de devaneios viajantes
Formam miragens em mim desconcertantes

Pela vidraça da janela
Há ventos que acendem a chama da vela
E, mesmo com uma forte chuva
Vejo o brilho da lua
Vejo aquarela
Oh, que imagem bela

Entre um pensamento e outro
Vejo seu corpo reluzente como ouro
Corpo Molhado
Cabelo desalinhado
Sinto-me perdido em lapsos
Procurando achar meus compassos

Inevitável
Não dizer
Que mesmo sendo poeta
É difícil encontrar rimas certas
Para descrever o que essa chuva me traz
E me faz sentir você nítido cada vez mais

Tentei de ti me aproximar
Mas o vento

Tormento
levou-o de volta para o mar
Quisera pudesse
Que a onda sobrevivesse fora do mar
E antes que ela pudesse na areia tocar

Inevitável
Não pensar
O quanto queria
O tempo congelar
E nessa imagem poética
Poder te amar.

Infinita saudade

Deixe a saudade bater
Deixe-a no teu peito arder
E que seja do seu jeito

Bandida
Atrevida
Que queima tua calma
Congela tua alma

É inquieta essa verdade
Mas é essa infinita saudade
Que arde em teu peito
E que te toma por inteiro.

Liberdade

A Lei deve ser favorecida ao justo de coração
A quem tem comportamento de retidão
A Lei é contra armas para o uso da violência
E deve ser a favor da liberdade de consciência

A Liberdade
O bem mais precioso
Muito mais valioso
Que toda a riqueza, a saúde e a beleza
Pois quando se ver preso em uma cela
Sentindo-se só
Sentirá que não passa de pó

Sim, a Liberdade
Ela é o bem mais precioso
Que toda ciência
Pois que adianta todo o saber
Se não há liberdade para as ideias defender
Ou precisar conter
O que é de cada um, o querer

E o pior de todas as prisões,
É ser escravizado de ideias ignorantes
Pois, em todo o viver, o que é emocionante
É ter o direito de pensar, criar, argumentar, contestar
Sonhar

Sim, a liberdade,
O bem mais precioso
Pois até mesmo o poderoso Deus nos concedeu
O livre-arbítrio de escolha

Mas lembre-se
Deus deu decálogos, mandamentos
E sob o sol sempre rege um código de ética
Para que toda escolha seja correta
Sem vaidade, sem maldade

Mas a verdade
É que muitos escolhem a cobiça, a intriga
Os caminhos que levam à morte
E ainda acham que na vida não tiveram sorte

Então que se cumpra
Com os rigores da Lei
Toda forma de justiça
De acordo com cada ação escolhida

Mas que prevaleça a Lei do Amor
E em cada dor
Que a justiça seja respeitada
Em toda a pátria amada

Oh, liberdade,
Que seja amor
Pois nada sem amor tem valor
A lei sem amor é escravidão
A cruz sem amor, a morte é em vão
A súplica sem amor nem é ouvida
E toda diplomacia sem amor é pura hipocrisia.

A maior sintonia
do universo
é com o dono Dele: Deus.

Mudança

Tem coisas que não dá para entender
Apenas aceitar
E se não aceitar
Que diferença fará?

Nada vai alterar
Então aceite
Talvez quem tenha que mudar
Seja você
E a mudança irá acontecer.

Nada

Nada me consome
Nem o fogo me queima
Nem o gelo me esfria
Nem a tristeza vira alegria

Nada me consome
Nem o calor do sol faz minha pele queimar
Nem a água é capaz de me molhar
Nem a falta de ar sufoca
O que essa saudade me provoca

Nada me consome
Nem seu abraço me aperta
Nem seu beijo me aquieta
Nem sua indiferença me sossega

E nada me consome
Talvez porque dentro de mim eu seja homem
E fora de mim mulher
Lutando para estar de pé

Mas nada me quer
Nada me derruba
Nada me levanta
Nada sou
E sem rumo vou
Vagando por aí

E nada me consome
Nem meu eu
Nem meu nome

Sigo vivo
Deprimido
Ativo

Quem sabe algum dia
Encontro algo que apague
O que me consome
E que na tumba fria
Descansar-me-ei
De minha agonia.

Não é pelo outro

Não se importe com que o outro fez com você
Se ele contigo gritou
Se o encontro desmarcou
Se te abandonou

Se ele te ofendeu
Traiu
Esqueceu
E nem valor te deu

Não é pelo que o outro te faz
E por tudo que lhe apraz
É pelo seu mundo
Profundo
Sem julgamentos
Só comprometimento
Com o seu comportamento.

O simples
é tremendamente
complexo.

O escuro do eu

Devemos de vez em quando recolher-nos da luz
Mover-nos para o eu
Entrar no escuro da fé

O que seriam da lua e das estrelas se não houvesse a noite
É a própria noite que as ascendem
E quanto mais escuro, mais elas são reluzentes

É no escuro do eu que se revela o silêncio que a mente precisa
Brilham novas ideias, nascem novos sonhos
E um turbilhão de pensamentos se clarifica

É no escuro do eu que a esperança brilha
E não existe noite escura
Que não termine em claro dia.

O espetáculo do sol

O sol é intenso
Imenso
E todo o dia dá seu show
Antes de ser apagado
Pois pela noite é tragado

Em sua apresentação
Dia a dia
É incansável vê-lo
E nenhum espetáculo é como o outro
Mesmo quando
Vez ou outra
Uma cortina de névoa
Insiste em obscurecer o seu show

Mas nada o deterá
Fortes chuvas podem até dar a impressão
De que ele ali não estará
O certo é que ele
Lá permanecerá sempre a brilhar
A encantar quem nele os olhos fitar
Até ser sufocado pela noite.

O tempo

A vida passa depressa demais
Num curto espaço de tempo
Tudo se esvai

O tempo pode ser ao mesmo tempo
Seu amigo ou inimigo
Seu sufocar ou respirar
Trazer o que já foi ou o que virá

Com o tempo, tudo melhora ou piora
E tudo que faz
Pode ser perda ou ganho de tempo

E o que é seu com o tempo chegará
E o que não é seu o tempo levará
O tempo faz o que for necessário dissolver
E o essencial solidificar

O tempo leva tudo
Tudo do seu mundo
Mas o que é verdadeiro o tempo não apaga
Ao contrário, o que é verdadeiro o tempo eterniza
Os feitos da sua vida amada.

A *alegria* pode ser o fruto de uma *lágrima* vertida.

Oco

Mundo louco
Doido
Oco

Saia desse sufoco
Ame o outro
E do outro
Preencha o seu oco.

Oh, Terra!

De ti, nasce a planta, vive o reino animal, vegetal e mineral
Tudo é dividido nos espaços da terra, do céu e do mar
E cada um vive no seu hábitat

De ti, cai a chuva, enche de água rios e mares
Água que bebo, água que uso
Água servida que retorna à natureza pelos becos e regos
E eu vejo o meu total despeito e a minha falta de respeito
Por ti, oh, Terra, que o deu e com amor recebeu

Do teu pulmão, oh, Terra, flui o ar
Voando em seus ciclos de oxigênio
Para as plantas, o animal e minha espécie respirarem

Oh, Terra, em teu ventre guardas o fogo
Em cada estação sou aquecido pelo teu calor
E mesmo no gélido inverno
Tenho alguma chama acesa por perto

De ti, oh Terra, brilha de dia a luz do teu sol
E de noite a luz das tuas estrelas
E como é bom da luz dos meus olhos poder te admirar
Oh, Terra, sim, oh, mãe Terra
Minha casa, meu lar
O que estou fazendo, estou te vendo chorar

Eu sou o homem
Eu sei que estou te destruindo
Perdoa-me, oh, Terra, perdoa-me,
Prometo que vou mudar

Pois quando o meu último suspiro chegar
E meu corpo já sem vida, é em ti
Que irei me enterrar

Pois de ti
A vida nasce
Cresce, morre e volta
E volta para ti.

Pandemia

O mundo parou
A ordem foi: fiquem em casa
Um vírus fez o mundo parar: parou o idoso, o jovem, o rico, o pobre
Não importando a cor, a raça, a beleza...
Tampouco quem era da pobreza ou da realeza
A ordem foi: parem em casa
O vírus anda à solta
Pronto para atacar, matar, e fez o mundo
Desacelerar

Pare! Desacelere...
Talvez tudo esteja rápido demais
Comemos rápido demais, trabalhamos rápido demais, dirigimos rápido demais
Amamos e odiamos rápido demais
Trocamos de relacionamento rápido demais

Coronavírus, tu causas dor e pavor
Tu causas a morte, choro e desespero
Mas tu fizeste-me ver o amor

Quando me pediram para ficar em casa
Eu realmente estava a 300 km/h e nem percebia
O quanto eu vivia na correria
Talvez por tantas coisas que nem a pena valiam

Oh! Vírus...
Vírus destruidor
Não sei se te condeno ou te amaldiçoo
Estou parado, chorando e meditando

Tenho medo de ti
Mas foi por causa de ti,
Que estou olhando para mim

Por causa de ti, oh, vírus, me dei conta
do quanto eu vivia rápido demais
dando importância a tantas coisas banais

Apreendi que o maior tesouro
Realmente não é a busca do pote de ouro
A maior riqueza
É saber que sou o amor de alguém
E por esse alguém preciso estar bem.

Paralisado

Inerte
Paralisado
Sentindo o corpo gelado
Largado
Pela dor
Que a morte causou

Mas acabou
A vida expirou
Do minuto atrás nada volta
E o futuro é uma incógnita
Então se recupera e recomeça.

Perdão

Me traíram, me humilharam
Me apontaram o dedo e de mim zombaram
E eu chorei

Fiquei sem força
De tanto que me espancaram
E me amarraram
E eu calei

Fui cuspido
Largado sem honra
Esquecido
E eu aguentei

Fui odiado, esnobado
Ofendido
E eu orei e perdoei.

Busque as **cores**
e lá conhecerás
as **dores.**

Perdida

O que eu mais queria neste momento
Era estar aqui,
Aqui comigo,
Mas eu não estou comigo

Não sei se estou no mar
Não sei se estou no ar
Não sei se sou um pássaro querendo cantar

Não sei quem sou
Para onde vou
Não sei onde estou

Eu me perdi, me perdi de mim
Nem sei minha idade
E de mim tenho saudade

Queria estar aqui comigo
Com meus pensamentos
Com meus momentos

Mas eu não estou aqui
Perdida estou, perdida vou
Vagando por aí, à procura de mim.

Pétalas sem vida

Se as pétalas pudessem falar
Falariam que a vida é amor, é perdão
É abnegação

Falariam que a vida é a experiência mais formidável
Plenamente inolvidável
Passageira e ligeira

Se as pétalas pudessem falar
Falariam que a vida é a rosa
Linda e formosa

Falariam que no seu mundo há espinhos
Caninos
Puramente por proteção e jamais por maldade

Falariam que seu prazer é serem cultivadas
Compradas, roubadas
Elogiadas e amadas

E por gestos assim
As pétalas falariam
Que mesmo sendo arrancadas da flor

Seriam pétalas sem vida
Desprendidas da flor
Secas e mortas

E mesmo mortas
Exalariam o mais caro odor
Pois a rosa é só amor.

Porquês

Por que partiu?
Por que meu coração feriu?
Você me deu amor e paixão
Agora sou solidão

Se não era amor
Por que de mim cuidou?
E me largou?
Causando-me tanta dor?

Por quê?

Existe uma arma
poderosa que temos
em nós e não usamos: Fé.

Querer

Não ter tempo para algo
É desculpa
Pois aquilo que é da nossa vontade
Vira prioridade
Vira até vaidade
Seja em qualquer idade
Seja a hora que for
Aquilo que é do nosso querer
Faz tudo acontecer.

Quisera ser mãe

Quisera poder alimentar meu ego
Com o primeiro choro de um bebê
Um bebê que em meu ventre senti crescer

Quisera poder alimentar meu ego
Ver o leite do meu peito escoar
e sentir meu bebê dele mamar

Quisera sentir a emoção de ver o meu bebê
Crescer e aprender a dizer: mamãe
Quisera ver os primeiros passos
E receber da minha criança um abraço
E guardar no meu viver nossas lembranças

Quisera ter um filho, e dele receber um único dizer: mamãe
eu amo você
Ah! Quisera ainda ver a minha criança
Virar um adulto, culto, e ser meu puro orgulho

Mas sei
Que apesar que, no meu ventre, um filho não gerei
E que meu ego de não ser mãe, sombrio, frio e vazio
Não ficou sozinho,
Pois tenho filhos adotivos que a vida me traz
E é certo que isso me satisfaz

Então gero filhos em forma de poemas, que em uma folha branca
e vazia
Nascem, e estas palavras têm a mesma força de uma mãe
Que tenta enxugar o pranto de uma criança e mostra
Que, de vez em quando, com a vida a gente dança

Em meu ventre de mulher, nenhum filho gerei
Mas os substituo
Pelos "filhos" que nascem do meu ventre de tudo o que sou
Gero filhos em forma de amizades, amores e saudades
Gero filhos em forma de conquistas, vencidas por pesares

Para alguns, sou formadora de opiniões
Sou exemplo, e cheia de paixões
Para outros, sou egocêntrica
Para tantos, sou pranto, escândalo, pranto.
Mas para mim
Ah! Para mim, sou só amor, e grata por Deus, pelo ventre que me gerou.

Rabiscos

Somos meros rabiscos
De um tempo
No universo
Correndo riscos

Somos poeira
Que passa ligeira
Fumaça passageira

Somos
Pensamentos
Perdidos,
Bandidos
Que um dia serão esquecidos

Mas apesar
De todo o pranto,
No entanto
Podemos deixar marcas,
De nossas curtas pegadas
Nesta jornada

Marcas
Que pelo vento
São apagadas, mas inexplicavelmente
Nossa vida é amada

E por esse grão de nada
A vida de Jesus na cruz foi pregada
Seu sangue jorrou
Por um imenso amor
Aos rabiscos que sou.

Dos meus **lábios** direi o que os seus não falarão.

Recomeço

Não se deixe abater, enfrente
Se está tudo igual, se reinvente
Não tenha medo, experimente

Se colocaram um ponto-final
Abra outro parágrafo
E faça algo

Não importa onde parou
O que ficou
O que quebrou

Por mais que a vida aborreça
E a alma se desfaleça
Se apresse e recomece.

Recusa

O que eu faria se fosse você?
Jamais teria vindo ao meu encontro
No meio da festa, mas você veio
E me pediu uma foto
E eu lhe dei

O que eu faria se fosse você?
Jamais teria ido pedir meu telefone
No meio da festa, mas você pediu
E eu lhe dei

O que eu faria se fosse você?
Jamais teria aceitado o convite
Que lhe fiz na tarde do outro dia
Mas eu lhe fiz
E você aceitou

O que eu faria se fosse você?
Jamais teria recusado o beijo que eu lhe pedi
Mas eu pedi
E você não deu.

Saudade

Estou velho
Já com as vistas embaçadas
As mãos enrugadas
Joelhos sem firmeza
Caminhando sem certeza

Mesmo avançado em idade
Deu uma saudade
Da criança que fui
Da juventude que tive
E de tudo que vivi

A saudade bateu
Apertou meu coração e doeu
Doeu tanto que
Senti o toque da lágrima em minha mão
Molhando o coração

Ah! Saudade
Você me faz ver na tela do tempo
Um passado que parece que não passou
Um menino que não cresceu
Um adulto que não envelheceu

Mas sei que velho estou
E só saudade me restou
Desse velho sonhador.

E quando morre
a **esperança,**
a gente dança.

Seja você

Seja você
Não importa a idade que tenha
Seja você

Seja você
Deu vontade de brincar, gritar
Seja você

Seja você
Com diferentes caras e bocas
Com qualquer roupa
Seja você

Não deixe de fazer o que lhe dá prazer
Pelo que os outros "dirão"
Se não fizer, do mesmo jeito "falarão"

Falarão do seu sim
Falarão do seu não
Nessa sociedade de cão
Todos acham que têm razão

No seu viver
Busque a sua razão
Dentro de sua percepção
E seja você.

Sensação

Quando toquei naquele livro
Senti-me perplexo
Sem nexo
Mas uma parte de você
Veio até mim

Sim, você estava aqui
Para mim,
Em forma de poesia
Criando no ambiente
Um misto de alegria e magia

...Então era essa a sensação
Loucura, tortura
Ternura

E meio com medo
Abri as páginas do livro
Tingidas de rimas e versos de amor
Mal pude acreditar
Que pude deslizar
Meus dedos no contorno do desenho da flor
Da flor que você rabiscou

Senti pulsadas no meu coração
Quando com minhas mãos
Toquei nas pétalas de suas flores
E nelas vi suas cores
Senti seu cheiro
E sem entender direito
Fiquei sem jeito

Foi "inevitável"
Na metade de uma semana
Em uma tarde ensolarada
Senti minha voz embargada
E minha alma renovada
Quando o todo surgiu do nada

...Então era essa a sensação
A maravilhosa sensação de sentir-se amado
Mesmo não sendo merecedor
De tamanho gesto de amor.

Sonhos

Se os sonhos sonhados
Não forem realizados
Sonharemos com outros sonhos

Até que somente um se realize
Porque será a partir dessa realização
Que voltaremos a sonhar

Sonhar e acreditar
Na tremenda certeza
De que ao acordar
Valeu a pena sonhar.

Em mim há um
rio chorando
em busca
do seu **oceano**.

Vácuo

Saio de mim
Vou para o espaço
Voo no vácuo
Vago
Inócuo
Volto
Solto
Envolto
No vácuo.

É **ilusão** pensar no perfume das **rosas.**

Velhos retalhos

Não há nada na vida perfeito
E tudo que fazemos, por mais que bem-feito,
Sempre terá defeito

Que por vezes lutamos com os consertos
De palavras mal ditas
Ações malfeitas
Escolhas imperfeitas

São retalhos cinzentos
Desenhos talvez
Perfeitos imperfeitos
Porque não fez

Consertos, remendos
Retalhos
A vida vira um frangalho
Com tudo falho
E me questiono: o que valho?

A idade avança
A doença alcança
A morte estará à espera
À minha espera, eu sei

Ainda estou aqui
Em prantos para sorrir
Sorrindo para florir
Enquanto eu viver

Desse mundo
Velhos retalhos
Preciso mais e mais do amor de mim.

Você em mim

Não mate meu amor
Porque isso me causa dor
Você é o fôlego de cada amanhecer
Pois sem você
Posso morrer

Minha vida pede seu amor
Seu calor
E me tire o que for,
Mas não me tire você

Não!
Isso não é exagero
São sensações
Em erupções
Que dentro de mim
Gritam por ti

E sem você
No fim, até o último fim
Não haverá mais nada de mim.

Abrace
o poema mais incrível
que existe:
Você!